Conoce a
Rubén Darío

Sergio Ramírez
Ilustraciones de
Pablo De Bella

Para Charlotte, mi ahijada

S. R.

Soy una vieja lechuza. No recuerdo cuántos años tengo, pero he vivido por siglos en el alero de esta casona de tejados de barro y paredes de adobe, ubicada en la calle Real de Santiago de León de los Caballeros, una ciudad colonial de Nicaragua, muy calurosa, por cierto.

6

Quiero contarles que aquí vivió hace mucho tiempo un niño cuya voz aún me parece escuchar. Lo recuerdo sentado en la rama de un jícaro, en el patio, hasta donde subía con un libro, para que nadie lo molestara mientras repasaba las páginas, fascinado.

Como las ramas del árbol
tocaban mi alero, el niño
leía en voz alta para que yo
lo escuchara. Otras veces me
daba conversación; y, aunque
yo no podía contestarle, lo
escuchaba muy atenta. Me
hablaba de princesas de países
lejanos, de cisnes y de lagos
encantados, de pavorreales
y bufones. Y de faunos, sirenas,
tritones y centauros.

La gente se asombraba del tamaño de su cabeza,
adornada de rizos negros, y de la facilidad con que
componía versos. Con mucha razón, en la ciudad,
y muy pronto en todo el país, lo llamaban "el poeta niño".

Por la calle Real pasaban las procesiones de Semana Santa, y en las esquinas levantaban arcos de palmas de cocotero y ramas de corozo. Del arco frente a la casona colgaba una granada dorada que se abría cuando el Domingo de Ramos pasaba Jesús del Triunfo montado en su burrito, y entonces caía una lluvia de papelitos con versos escritos por el niño.

Un día me leyó lo que había escrito en la primera página de uno de sus libros escolares:

Si este libro se perdiese
Como suele suceder
Ruego al que lo encuentre
Me lo sepa devolver.
Y si no saben mi nombre
Aquí se los voy a poner:
Félix Rubén García Sarmiento.

12

Ese era su nombre real. Pero cuando, a los diez años de edad, sus poesías empezaron a aparecer en los periódicos, las firmaba como Rubén Darío. Y así se quedó.

Yo lo veía crecer, callado, pensativo. Su infancia no era muy feliz que digamos. Sus padres, Manuel García y Rosa Sarmiento, se habían separado antes de su nacimiento. Su madre, con el objetivo de tener un parto en paz, había emprendido un viaje en una carreta de bueyes hacia una finca, en las montañas del norte, y por eso el niño nació en un pueblecito del camino llamado Metapa, ahora Ciudad Darío.

El niño creció con sus tíos abuelos, el coronel Félix Ramírez Madregil y doña Bernarda Sarmiento. Ellos lo criaron en medio de su pobreza, pues el único ingreso de la casa era la pensión de guerra que recibía el coronel.

14

Me contaba de sus paseos a caballo con el coronel, quien en esas salidas le daba a conocer las novedades; por ejemplo, el hielo, y las manzanas de California, que vendían envueltas en papel de seda.

Tenía una tía muy rica, doña Rita de Alvarado, que pagaba lecciones de piano para su hijo Pedrito. Una vez, se realizó una fiesta en el salón de su casa, y Pedrito tocó delante de los invitados. Al terminar, lo aplaudieron. Y, entonces, mi amiguito, desde la puerta, exclamó: "A él lo aplauden aquí, pero a mí me aplaudirá el mundo". Cuánto me reí de eso, pero qué cierto fue...

15

En una ocasión, cuando tenía trece años, el presidente de
Nicaragua lo invitó a Managua, la capital, para que recitara
en una sesión solemne del Congreso Nacional. Allí leyó una
larga poesía dedicada al libro, que antes había ensayado
delante de mí. Recuerdo una estrofa que decía:

El libro es fuerza, es calor,
es poder, es alimento;
antorcha del pensamiento
y manantial del amor…

16

Después le dieron un empleo en la Biblioteca Nacional, que recién se había abierto en Managua. Allí pasaba horas leyendo, según le contaba a la tía Bernarda en sus cartas, muy bien acomodado en una silla y acodado sobre una mesa, y ya no en la rama de un jícaro.

Yo lo extrañaba mucho.
Y más iba a extrañarlo porque
en otra de sus cartas contaba
que se iba para Chile, un país
muy lejano, pero más grande,
donde tendría oportunidades
que no había en Nicaragua:
"Debes irte, aunque sea a nado",
le habían aconsejado.

La pobre anciana lloró al leer la carta, y yo me puse muy triste. Él consiguió el dinero para el pasaje, tomó un barco y se fue. Y hasta mi alero empezaron a llegar los ecos de sus triunfos. Con sus cartas mandaba recortes de periódicos que publicaban sus escritos, recibidos con grandes elogios.

Se hablaba de un libro suyo de cuentos y poesías titulado *Azul*, publicado en Chile. Los sabios decían que renovaba por completo la poesía y el idioma. Y se admiraban de que fuera obra de un muchacho de solo veinte años, aunque para mí seguía siendo el mismo niño de gran cabeza y rizos negros.

Y llegaban más noticias. El presidente de Colombia, que admiraba sus escritos, pues su fama corría ya por toda América y España, lo nombró cónsul en Buenos Aires, la capital de Argentina. Allí empezó a escribir crónicas para el periódico más importante en esa época, *La Nación*; y publicó nuevos libros que hicieron crecer su fama. Luego se fue a vivir a París, y después a Madrid.

Más adelante se publicó su libro *Cantos de vida y esperanza*,
donde se halla el poema "La marcha triunfal", tan musical que
es posible escuchar el sonido de los clarines y los tambores,
y el ritmo de los pasos de los batallones de soldados.

Después de muchos años de ausencia, regresó a Nicaragua, donde fue recibido como un héroe por las multitudes. Cuando bajó del tren en León, la gente zafó los caballos del coche que le tenían preparado para el desfile, y ellos mismos lo jalaron por las calles. Y delante iban niñas vestidas de canéforas, regando flores, mientras las campanas de todas las iglesias se echaban a vuelo.

Cuando entró ese día a la casona y abrazó a la tía Bernarda, que estaba ya muy vieja y no podía moverse de su silla, yo hubiera querido que subiera a las ramas del jícaro. Pero solo me sonrió de lejos y alzó la mano en señal de saludo.

Antes de tomar de nuevo el barco de regreso a Europa, un íntimo amigo suyo de la infancia, que era médico, el doctor Luis Debayle, lo invitó a pasar unos días de descanso en la isla El Cardón, en el océano Pacífico. Ese amigo tenía una hija que se llamaba Margarita.

Y allá, frente al mar que estallaba entre espumas en las rocas, Rubén Darío compuso para esta niña un cuento en verso, y se lo dejó como despedida. Es aquel que comienza así:

Margarita, está linda la mar,
y el viento
lleva esencia sutil de azahar;
yo siento
en el alma una alondra
cantar;
tu acento.
Margarita, te voy a contar
un cuento.

25

Siguió viajando por el mundo. Siguió conquistando aplausos. Murió la tía Bernarda, había muerto hacía tiempo el coronel, y esta casona quedó cerrada y vacía.

Rubén Darío regresó a Nicaragua diez años después, muy enfermo. Las campanas de León volvieron a sonar en su honor en todas las iglesias, pero esta vez era para anunciar su muerte. Sus funerales duraron una semana entera. La procesión pasó por la calle Real, se abrió otra vez la granada dorada y, encima de la carroza donde llevaban su cuerpo, llovieron papelitos con sus versos.

En esta casona hay ahora un museo. Y entre las cosas que allí pueden verse está el elegantísimo uniforme diplomático que vistió para presentar credencial de embajador en la corte de España, con la casaca bordada en oro y un sombrero con penacho de plumas.

Yo sigo en mi alero, oyendo las voces y las risas de los estudiantes que vienen de visita.

Sergio nos habla de Rubén Darío

Cuando Rubén Darío nació en Nicaragua, en 1867, este pequeño país de Centroamérica acababa de salir de un largo periodo de guerras civiles, y encima de eso le había caído una invasión extranjera, lo que desencadenó otra guerra. Eso, para no hablar de la peste del cólera *morbus* que, igual que las guerras, había causado muchas muertes. Por todo esto, los habitantes no llegaban a los doscientos mil.

Casi no había escuelas públicas, ni mucho menos librerías ni diarios, pues los periódicos que existían se publicaban de vez en cuando. Y ya oímos a la lechuza contar que la primera biblioteca del país se abrió cuando Rubén Darío era un jovencito.

Nicaragua era un país pobre que no podía dar una "orquesta" completa, pero pudo dar un "solista". En un país desarrollado hay

ingenieros, doctores, técnicos de toda clase; hay universidades, academias de ciencias y de letras; como en una orquesta, cada quien toca el instrumento que le corresponde. Y los "solistas" son los que se destacan por sus creaciones, principalmente, los poetas, novelistas, pintores e inventores.

Y este solista que fue Rubén Darío tuvo que emigrar de Nicaragua para poder desarrollar su propio arte. Primero se fue a Chile, y luego vivió en Argentina, Francia y España, países donde era posible escribir para periódicos con muchos lectores, así como publicar libros en editoriales que podían hacerlos llegar también a mucha gente.

Estamos frente a un genio que asombró al mundo con sus creaciones, que fue capitán de un movimiento literario transformador llamado *modernismo*, al que pertenecieron escritores, también famosos, de muchos países de nuestra lengua, como José Martí, de Cuba; Manuel Gutiérrez Nájera, de México; Leopoldo Lugones, de Argentina; Ramón María del Valle Inclán, de España, y Porfirio Barba Jacob, de Colombia.

Rubén Darío murió en 1916, hace ya más de un siglo, pero su obra sigue viva porque sus poesías y sus cuentos se siguen leyendo, y para un escritor eso es lo que se llama la inmortalidad.

Cuando yo era niño, en Nicaragua, Rubén Darío se me aparecía por todas partes. Estatuas y bustos suyos se levantaban en plazas y parques; calles y escuelas llevaban su nombre, y su cara aparecía en los billetes. Yo participaba en concursos de declamación de sus versos, que me sabía de memoria. En uno de esos concursos recibí como premio un libro empastado en cuero que incluía todos sus poemas. Todavía lo conservo.

La lechuza es el símbolo de Minerva, la diosa romana de la sabiduría. La que les ha contado esta historia, la he inventado para ustedes. Y allí seguirá por siempre en el alero de la casona donde creció Rubén Darío.

Ya vieron, pues, como este "poeta niño" cumplió con su profecía de que lo habría de aplaudir el mundo entero.

Glosario

adobe: Mezcla de paja y barro con que se hacen ladrillos para construir.

alero: Borde del tejado que sobresale de los muros.

alondra: Pájaro pequeño de color marrón que tiene un canto muy melodioso.

antorcha: Trozo de madera o de otro material al que se prende fuego por uno de los extremos para alumbrar.

azahar: Flor blanca del naranjo, el limonero y otros árboles frutales que tiene un olor muy agradable.

bufón: Persona que se encargaba de divertir a los reyes y cortesanos.

canéfora: En fiestas de la antigüedad, muchacha que llevaba en la cabeza un canastillo con flores, ofrendas y objetos necesarios para los sacrificios.

centauro: Ser mitológico que es mitad hombre y mitad caballo.

cónsul: Persona que se encarga de defender a las personas y los intereses de su nación en un país extranjero.

crónica: Artículo periodístico sobre un tema de actualidad.

diplomático: Persona que realiza labores en un país extranjero para mantener buenas relaciones entre este y el suyo.

elogio: Cosa buena que se dice de alguien o algo.

embajador: Persona que representa a su país y a su jefe de Estado en otra nación.

fauno: Ser mitológico que tiene cuerpo de hombre, y patas y cuernos de cabra.

funeral: Ceremonia que se hace para despedir a un muerto.

granada: Fruto de un árbol llamado *granado*. Es redondo y de color amarillento rojizo; por dentro tiene muchos granos encarnados y jugosos.

manantial: Lugar donde brota agua de la tierra de forma natural. Se usa para referirse al origen o principio de algo.

pensión: Dinero que reciben al mes algunas personas, como los jubilados (personas que se han retirado de su trabajo por ser mayores, o por otras causas).

procesión: Grupo de personas que va por las calles en algunas fiestas religiosas llevando imágenes, velas y otras cosas.

renovar: Dar nueva fuerza, intensidad o vitalidad a algo.

solemne: Se dice de los actos celebrados públicamente con gran seriedad.

solista: Persona que interpreta una pieza musical sola.

tritón: Ser mitológico del mar que tiene cuerpo de hombre desde la cabeza hasta la cintura y de pez el resto.

© 2024, Vista Higher Learning, Inc.
500 Boylston Street, Suite 620
Boston, MA 02116-3736
www.vistahigherlearning.com
www.loqueleo.com/us

© Del texto: 2024, Sergio Ramírez Mercado

Dirección Creativa: José A. Blanco
Vicedirector Ejecutivo y Gerente General, K–12: Vincent Grosso
Desarrollo Editorial: Salwa Lacayo, Lisset López, Isabel C. Mendoza
Diseño: Radoslav Mateev, Gabriel Noreña, Verónica Suescún,
  Andrés Vanegas, Manuela Zapata
Coordinación del proyecto: Karys Acosta, Tiffany Kayes
Derechos: Jorgensen Fernandez, Annie Pickert Fuller, Kristine Janssens
Producción: Thomas Casallas, Oscar Díez, Sebastián Díez, Andrés Escobar,
  Adriana Jaramillo, Daniel Lopera, Daniela Peláez
Ilustraciones: Pablo De Bella

Retrato de Rubén Darío en la contraportada: Eraza Collection/Alamy
Retrato de Sergio Ramírez en la contraportada: DPA Picture Alliance/Alamy

Conoce a Rubén Darío
ISBN: 978-1-66991-441-9

Printed in the United States of America
1 2 3 4 5 6 7 8 9 GP 29 28 27 26 25 24